POEMAS INFINITOS

ExLibric

JOSÉ PEDRO RIVERA MORALES

POEMAS INFINITOS

EXLIBRIC
ANTEQUERA 2021

JOSÉ PEDRO RIVERA MORALES

POEMAS INFINITOS

*A mi mujer, Inmaculada, musa fundamental en mi vida,
a la que dedico de forma íntegra este libro.*

Prólogo

Catorce años contaba José Pedro cuando sintió por primera vez el impulso irrefrenable de plasmar en palabras el modo en que su aún joven cabeza percibía el mundo y los sentimientos.

Intrépida decisión fue la suya, especialmente al elegir el verso como forma de arrancar de su alma aquellas ideas que para ser escritas no encontraban otra forma de nacer, sino buscando la musicalidad que solo puede ofrecer la poesía.

Pasó el tiempo, el mundo se transformó a su alrededor y el muchacho se convirtió en hombre. Pero prevaleció en él el poeta, que fue encontrando la inspiración en vivencias acumuladas a lo largo de todo ese proceso.

Poemas infinitos es una recopilación de los versos que José Pedro Rivera fue utilizando durante varias décadas para tamizar la realidad a través de su propia existencia; rimas eclécticas escritas en esos momentos en los que la vida nos depara instantes que deben ser conservados; fugaces visiones de un lugar, una persona, una sensación o un simple silencio avivaban el ansia de dotarles de eternidad.

Así, año tras año, esos recortes de la vida del autor fueron conformando el contenido de la obra que hoy tienen ante ustedes. Y, por fin, llegó el día de dar respuesta a la pregunta ¿qué significa mi existencia?

Permitan a este humilde prosista la licencia, la osadía, y acaso la insolencia, de apropiarse del verso para abrirles el apetito con una visión íntima de lo que un profano atisba sobre la creación poética. Espero que me lo sepan perdonar.

Esculcar lo más recóndito del alma,
navegar por campos de silencio,
insuflar belleza a la palabra,
ahondar en el ajeno sentimiento.

Alfonso del Alcázar España

SUEÑO

Soñar la realidad soñando,
llegando a pensar cubrir con los ojos
aquello que no tiene sentido,
y creer que todo vale,
que todo llega a su fin.

Sentir el frío sentimiento
del amor infinito
y oscuro, sin término,
sin salir del absurdo
y llorar por dentro.

Ahora, acabar con todo
es terminar con nada,
porque no existo,
porque no soy más
que la nada absoluta.

Y creer que existo
es soñar absurdamente,
despertar en la irrealidad
y pensar que por la noche
volveré a soñar que existo.

OSCURIDAD

La tarde cae, el sueño queda,
la noche pide clemencia que se le niega.
Gemidos bajo la luna, sollozos
y gritos en una oscuridad incierta.

Pena, pena, no hay más que pena y llanto,
y siento como despierta poco a poco la luz,
y la pena se esconde y cesa el llanto,
y sonríe la lágrima oscura, seca sus lágrimas.

CONVIVENCIA

Y te escucho.
No hablas, pero te oigo.
No te veo, pero te figuro
como a todas.

No te entiendo,
pero finges saber
de algo
y no sabes de nada.

Te quiero, pero no comprendes
que la vida es difícil
de entender, y a veces yo
soy algo más.

A MAR

Mar que ahogas mi silencio
por tu paz y quieres tenerme,
dueña eres de tu propia
inteligencia al sonar,
y hablas palabras que
me llegan como sonidos
injustificados a mi corazón.
Amable eres por ti
y para mí, de un amor
inmenso que siento al tocarte,
y llegas a sentir
lo que no sientes al llegar a mí,
amor.

A veces pienso
en la mentira de amar
por amar a algo
y decirlo, pero no sentir
daños en los interiores,
quién sabe si oscuros
o abiertos a la vida.
Y ahora lo vuelves a decir
sin pensar que
querer es algo más.

VIENTO Y TÚ

Cuando el viento suena,
es que algo hay en ti
que no dejas salir.

Y sigue sonando,
y no lo dejas, no le das libertad,
y no lo dices, y el viento muere.

Y al día siguiente
vuelve a llorar y llora,
pero tú lo dejas morir.

¡Pero el viento no muere!
Sueña infinitamente
en un infinito que no existe.

Porque no hay nada
infinito en la vida,
ni en la muerte, ni en ti.

Porque el infinito
absoluto sería el amor,
cuando es verdad.

Porque tú sin saberlo
eres dueña de este,
sin saber hacer uso de él.

Palabras libres

Y componer, y seguir
componiendo palabras sin rima,
es mi vida.

Porque su vida es
mi libertad, y su libertad
es mi vida.

Porque al intentar
obligarlas, mueren de dolor
en el corto infinito.

CAMINO

Piedras que creáis en mí
una ilusión larga,
distinta como vosotras,

ilusión de conseguir
la verdad que os pertenece
y la libertad innata.

Ilusión que nunca llega
a mí, como yo quisiera,
sino como vosotras tenéis.

Ilusión de llegar
a conseguir algo para mí
que yo crea tener.

Parar, hacer un alto
en el camino y sentir
que siento algo.

Reflexionar sobre las cosas,
sobre todo en general,
sin pensar que nada es cierto,

sin pensar que la verdad
no es innata de la vida,
sino algo lejos de conseguir,

pensando en que algún día
llegaré a algo cierto
que, espero, seas tú.

Escritor existencialista

Muerte, sueño profundo
de escritores soñolientos
que buscan el cielo,

y tienen el suelo,
que es, sin duda, el sueño
de la vida en la muerte.

EXISTIR

Volverán los peces
a llorar, y las olas
aumentarán de tamaño.

Y yo les diré que
no lloren, que estén bien,
y que rían.

Que no sientan
el estar ahí, porque
ahí es donde mejor están.

Y les diré que canten
canciones de su vida
y su muerte, y que vuelvan a reír.

NADA

Y el mundo
los hizo a todos iguales,
y la vida los formó
distintos en el amor,
y la muerte les hizo pensar
que ninguno era nada.

Simplificar la luz,
navegar en sueños profundos
sin una abstracción previa,
pensar en vivir y morir.

Querer complicar la realidad
sabiendo lo que es real y abstracto,
queriendo evitar el saber
que lo real es la muerte y lo abstracto la vida.

EL DÍA

Sabor a ausencia,
impresionante paladar de pensamientos,
ilusiones tentadas por el destino
y el futuro.

Locura de ideas
desordenadas por acumulación
del tiempo y el trabajo,
tu inteligencia.

Captación de sueños
ordenados por el cansancio
de la mente y el cuerpo,
tu descanso final.

BOSQUE DE PINOS

Cobarde me siento ante ti,
bosque profundo
lleno de hojas sabias y pacientes,
conocedoras mejor que yo
del sentimiento a la vida.

Tú, bosque cansado,
agotado de dar consejos,
con los troncos desgarrados por el tiempo,
tú, que conociste bien mi pasado,
¿mereces estas palabras?

RUTINA

A la luz de un fluorescente cansado,
medito mi pensamiento profundo,
me digo barbaridades,
me explico lo inexplicable,
confío en mis sentimientos,
agoto mi incertidumbre
y termino durmiendo.

Empieza un nuevo día
y confieso al sol mis verdades.

MELILLA

I

Costumbres que construyen un pueblo,
situaciones difíciles pero sostenibles,
porque de la voluntad depende.

Voluntad que es humana,
no distante, sino tolerante,
que convierte lo imposible en posible.

Comprensión de situaciones diferentes,
de sentimientos distintos,
de fines iguales.

Radicalidad que no existe,
¡y no la inventes!,
pues somos en realidad un yo.

II

Mi clima, pues soy tuyo,
mi imaginación, pues te la dedico,
mi forma de sentir.

Escribo y siento y dedico,
y soy yo en todo momento
cuando te tengo dentro,

cuando divago por tu estructura
de ciudad con aires de antiguo,
queriendo despojarse de su timidez,

cuando navegando por tu mar
semiinfinito descubro
que eres parte importante de todos.

III

Debe quererte quien bien te quiere,
sentimientos encontrados,
vidas truncadas por barreras invisibles.

Debe quererte quien de verdad te quiere,
piedras al aire, murallas al cielo,
mar bondadoso.

Farolas deseosas de libertad,
sufridas de cautiverio,
pero dulces con su sombra.

Rayas privadas de cariño,
aceras divididas por la razón,
situación dantesca creada por el hombre.

Debe quererte quien te quiere
y yo lo siento,
pero no te conozco.

Ahora que mi soledad ha cesado,
intento llorar por mis pecados
y me arrepiento de todos ellos,
llorando, llorando, con lágrimas.

Ahora la sangre corre por mis ojos
y yo soy tuyo, y tú eres mía,
y mi llorar se hace constante,
y mis lágrimas son de sangre.

SOL

Sol que descubre mi mirada,
calla y no digas nada.
Piensa que siento verlo,
y siento cogerlo,
pero ni lo veo ni lo cojo.

Sol que aplicas
tus rayos en mi mente,
ahora que sueñas en mí,
dime tú que lo sabes
¿quieres que llegue a él
o no llegaré jamás?

Tú que rompes el hielo,
implacable destructor,
tú que finges llorar
y sonríes siempre,
¡oh, tú, mi amigo sol!

CITA

Desde las siete espero
sentado en piedras de molino,
de molino viejo y decaído,
y bajo árboles sin ramas,
ahí es donde espero.

Desde las siete espero,
y son las siete y media,
me comen los nervios,
me tiemblan las manos.

Se enfrían los pies,
así es como espero,
desde las siete espero
y ya no creo que llegue.

Son las ocho y media,
y mi corazón se muere,
ya no podré besarte
como lo hacía siempre.

Desde las siete espero,
y a las ocho y media muero.

CONVERSACIÓN

Los trigales murmuran a su paso
y me preguntan:
«¿Por qué tan solo?».
Sin molestarme, les digo:
«¿Qué entendéis por soledad?
¿Estar sin algo, andar en silencio,
caminar en caminos o, quizás, morir en el tiempo?
¿Qué es soledad?».
«Soledad», me dicen, «es amor a solas,
más luz apagada, más y más y más.
Eso es soledad».

YO

El tiempo busca en mis palabras,
busca versos y poesía.
El pasado me busca para adorarme,
para decirme cuánto me quiere,
para acompañarme en mi soledad interior.

El presente aún no lo sé, y es presente.
Y el futuro me buscará lentamente,
pero con una lentitud callada,
que en poco tiempo me encontrará
y estaré con él.

ESTACIONES TRISTES

Canción lenta que me miras,
dime mi nombre y algo más,
canción mía.

Realidad de mi vida, ámame,
porque quizás tú, realidad, solo seas
canción mía.

Vida de sueños alegres,
intenta llegar a ser tú
canción mía.

Mar de pensamientos ocultos,
mírame, obsérvame y no seas
canción mía.

Montaña de nubes claras,
la nieve será contigo
canción mía.

Otoño e invierno juntos,
sabed que siempre seréis
canción triste y mía.

NO SÉ

Sí, supongo que sí,
sin embargo, puedo creer que no,
y así es.

Si pudiera pensar en lo que es verdad,
lograría saber cosas que tú no sabes,
y que yo tampoco sé.

Qué gracia, es gracioso, pero así es
lo que ocurre con todo a tu alrededor,
todo juega contigo, y conmigo, no lo puedes cambiar.

Camina despacio, y encontrarás un juego muy divertido,
jugar a la vida, que es casi jugar al saber:
lo que tú no sabes, lo que yo no sé.

PENSAMIENTO

Sentidos moribundos, decid conmigo
palabras al viento sin significado,
groserías, picardías, necedades.

Y qué sentido tiene la vida,
realidad perdida en lo más absurdo,
en la suciedad más asquerosa y a la vez cruel.

Ninguno, decid conmigo, porque no tiene sentido,
porque es algo que no controlas, y el sentido se controla,
se puede llevar, se domina, no te domina.

¿Creéis que algo es verdad? Pues no,
y lo que escribo, tampoco.
Por eso, decid conmigo: esto no tiene sentido.

FELICIDADES, AMOR

Cartel de pasiones sumergidas,
barro infernal de llantos,
sabed y quered volar hacia la tristeza negra,
quejíos de hombres que claman al amor oscuro.

Belleza que supera los rumores falsos,
comentarios sin fin sobre su hermosura cierta y sin dudas.
¿Quiénes serán las cotillas quejumbrosas de envidia
que quieren cambiar tus bonitos ojos, tus preciosos labios,

tus maravillosos senos y tus caderas por cosa incierta?
Este es el dolor y la pena que mis ojos confusos
tienen sin querer tener duda de su asombrosa
visión del paraíso de tu cuerpo.

CONCIENCIA

Hoy la abeja marchitó la flor.
¿Una abeja? ¿O era un zángano?
¡Qué se yo!

Hoy secó el sol
la tierra sembrada, pero no nacida.
Yo lo vi y lo sentí.

Hoy destrozó la helada
la huerta, el paraíso.
Sí, yo la vi.

Hoy la casa la consume el fuego,
la derrumba, la quema,
pues lo vi yo.

Hoy mi balcón está cerrado,
no tiene puertas, tiene ventanas, está cerrado.
Sí, yo fui.

ENTIERRO

Caras pálidas y rotas
por el ambiente.
Ahora, pelos alborotados
por el movimiento
y besos camino del cementerio
por la pérdida de otros labios.

Duelo entre dos objetos
que luchan por el placer,
objetos materiales sin sentido,
que se regalan, pero ¡bah!

Luces que contornean el rostro
por su gran brillantez y luminosidad,
bebida de algo
para vomitar.

Caricias sensibles y sensuales
que ganan la atención de alguien,
juegos de amor y cariño,
por la oscuridad, por su alrededor.
Cuerpos vestidos por su exterior,
cuerpos desnudos
por su límite interior.

GAFAS OLVIDADAS

Gafas del desván
¿qué miráis?
¿A mí, a mi llamada,
a mi clamar por algo que no tengo,
y que desgraciadamente no encuentro?
No, no me miréis,
no merezco vuestra mirada,
gafas del desván.

Vosotras, que conocéis mis ojos,
decidme: ¿son falsos o verdaderos,
mienten o dicen la verdad,
notan la ausencia de un todo,
la ausencia de lo que llamamos luz,
o me engañan fingiendo?
No, no me miréis,
gafas del desván.

¿Ven mis ojos lo real
o es solo un sueño,
un buen sueño del que no quisiera despertar,
un sueño que me lo da todo,
amor, salud y fe en algo, Dios?
No, no me miréis,
gafas del desván.
Pero decidme,

vosotras que vivisteis un tiempo en mí:
¿qué visteis de verdad, qué de realidad,
qué de mentira, qué de sueño?
Decidme, ¿qué de real?
No, no me digáis,
gafas del desván.

Vosotras, monótonas y silenciosas,
quietas y calladas, hablad,
contadme, decidme algo,
decidme que mi locura es pasajera.
Sí, por favor, decídmelo,
viejas amigas, compañeras de caminos,
de vivencias compartidas. Sí, vosotras,
gafas del desván.

Esperanza

Senderos de luz escasa,
decidme vosotros,
que conocéis el camino de la esperanza,
¿llegaré a ser objeto de su amor?

Intento evadir todo intento de huir,
y corro más deprisa, hacia una nada,
hacia una esperanza abstracta,
hacia la huida eterna, puerta abierta.

Grito al cielo con una voz ronca
y le pido que no cierre la puerta,
que la llave no cierre el rincón de mi esperanza,
que no retuerza el trozo de hierro en las entrañas,
en las entrañas de la puerta.

Hoy que mis manos tengo atadas a la vida,
me duelen, y las muevo con angustia,
sintiendo el dolor que causan en mí
las cuerdas amenazadoras de una vida,
de una vida incierta y cruel.

Y hablo en voz baja a mi dios,
dios de la justicia y la bondad,
dios que me concederá la libertad eterna
de esta horrible pesadilla infernal.

Ahora, que silencioso estoy en mi amargura,
me siento acompañado de algo,
no me siento solo, a pesar de mi soledad.
Tengo el corazón cerrado,
pero ella tiene el frío hierro
que abrirá la puerta de la esperanza.

VIDA

Hoy observo el amanecer,
contemplo la salida del dios de la luz.
Camina despacio, cualquiera puede alcanzarlo,
y me mira, y sigue a mis ojos,
y veo que algo lo cubre, algo oscuro y tenebroso,
algo que se escapa con el viento
y lo deja otra vez iluminándome,
y lo siento otra vez en mis pupilas.

Ya está a mitad del camino.
Ahora no te puedo parar, señor de la luz,
sigues tu camino, pero no dejo de observarte,
sé que me miras con ese ojo gigantesco,
con esa cara iluminada, sé que me tocas
con tus brazos de calor.

Ahora el tiempo te oprime,
te apaga, señor mío.
Ahora el tiempo no te deja respirar
y el cielo se vuelve contra ti,
te empuja hacia el infierno
y las horas te van consumiendo,
y las montañas son sábanas oscuras,
como telones de teatro
que no quisieran verte existir.

CRISTAL

Invisible traspasa tristezas
que la vida te hace sentir,
la vida, precioso transparente,
que tan solo te hace sufrir.

Pero llegará la muerte,
como la primavera llega,
y los gorriones cantarán y cantarán
en el apartado cementerio de la vida.

Señalará con su dedo
a aquel que sufrió en él
desdichas y más desdichas
que salieron de su vida.

SUEÑOS VOLÁTILES

Ahora que escribes en sueños
hablas entre la vida real,
resucitas tu mente en la verdad
y acabas llorando en la muerte.

Ahora que el sueño se duerme
lloras durante la vida
y la vida te induce a sufrir
en el mundo real, en tu mundo.

Ahora, cuerpos reales,
despertad vuestra mente
y llorad, llorad, llorad
siempre hasta la muerte.

MÁLAGA

Buscar quiero para ti
la luz que nunca se pierda,
que solo no me dejes a mí,
que yo encontraré para ti almas despiertas.

Tú, que miraste al cielo
y no viste nada,
tú, que buscas en el suelo
el amor que no encontrabas,

al mar le pides su dolor,
al sol sus riquezas,
todo con amor
y por fin lo conseguiste.

Muero y te dejo,
quiero y me quejo,
morir ya no puedo
en tu desnudez y consejo.

Me miras ilusionada
sin poderte dar
lo único bueno, el alma,
y no lo puedes alcanzar.

Tú seguirás por los siglos,
pero yo abandonaré pronto,

más pronto que tarde en sollozos,
por no tenerte eternamente.

Su presente

Vi negocios levantarse
y los he visto cerrar.
Vi a gente cómo reía
porque tenía sueños.

Cómo la gente
lo sentía muy adentro;
sin embargo, hoy los hacemos llorar
y lloran por vivir.

Vi personas progresar
y las vi caer.
Vi sus lágrimas correr
por sus negocios vacíos.

Vi gobernantes crear
leyes injustas para ellos.
Ahora ya es tarde para levantar
lo que deseábamos destruir.

¿Y TÚ, ERES POEMA?

¿Quién dice que la primavera es bella
sin saber amar?
¿Quién lo dice?
Si el pensar en lo bello de la vida
es saber soportar la amargura,
si no, no es realidad.

Belleza interminable de poemas,
poemas sin sombra, sin rima,
a los poemas de interminable belleza,
¡dejadlos hablar, dejadlos vivir!
¿Quién pensó que cogería el mundo
con las manos, que lo tendría a sus pies,
si no sabe querer?

Si saborear la vida no es joder
a los demás con ansias de poder,
es simplemente amar.
Belleza interminable de poemas,
poemas sin rumbo fijo,
interminable belleza de poemas,
poemas sin dictador, poemas libres.

¿Y quién pensó que con una sonrisa
le llegaría a ganar al todo,
sobre la vida misma, sobre Dios,

si la sonrisa no es cierta,
si es falsa, si sonríe hipócrita,
queriendo destrozarlo todo sin más?

Belleza de poemas interminables,
poemas ocultos en la belleza infinita.
Belleza de poemas sin fin
que dicen la verdad
y no manifiestan ser falsos,
falsos como quien dice y como quien piensa.

SÉ TÚ MISMO

Locos caminos de libertad,
soñar despiertos en un mundo sin sombras,
sonrisas constantes,
escape al hacer lo que dé la gana.

Hoy quiero,
me voy acostumbrando a sentirlo
como si fuera yo,
locos amigos míos.

Gente que vive, que sueña,
que crean los ambientes de evasión,
locura por un día,
locura y libertad de reyes.

¿QUÉ? ILUSIÓN

La mañana llama al arte,
gigantes volando,
niños soñando,
yo escribiendo.

Imaginación sin límites
queriendo decir algo
sin hacerlo, sin llegar a saber
su significado.

Golpean fuerte a la ilusión
de conseguir el sinsentido,
tirando platos al aire
y viéndolos volar para inventar
palabras abstractas.

Significado incierto de cosas reales,
pequeñas sombras en el universo
que nos hacen pensar en nosotros mismos,
para saber que no somos más
que sueños entre sueños.

¿Qué es la Navidad?
Yo lo sé

¡Qué momentos más felices,
Navidad, simple Navidad,
jolgorio de mundanos!

Alegría de santos y de beatas
por ver al niño Dios que ha nacido,
eso dicen, en el portal de Belén.

¡Vamos a Belén, que ha nacido ya,
vamos a Belén a ver a ese!
Y siguen siendo momentos felices,
el alcanzar un año nuevo, un año más,
jolgorio de humanos divertidos.

Contentos están aquellos que bailan
moviendo esqueletos, eso dicen,
tocando el cielo con el ritmo.
¡Vamos a coger, que ya ha nacido,
a coger un cebollón por el nuevo siglo!

Ahora hay que terminar
con la costumbre de los regalos,
regalos por Navidad, regalos para todos.
¡Que se acaban de verdad,

venid a conseguirlos,
los que no habéis venido!
¡Y vamos a conseguirlos!
Antes Papá Noel, pero ahora tocan
los Reyes Magos de Oriente,
y todo esto es jolgorio
de humanos y de mundanos,
y esto es una fiesta
de divertidos cristianos.

DESENGAÑO

He visto hombres infelices
correr ante el peligro,
por estar rodeados de brazos
de mujeres infieles.

¿Es verdad la felicidad segura,
aquella que te hace sentir
hasta lo último de ti,
y te lleva a lo definitivo?

A veces es difícil observar
cómo la vida de un hombre
se va por unos ojos, un cuerpo,
a veces, no existe la felicidad.

LIBRE

Afortunado de pensar en libertad,
de hacer lo que quieres,
de sentir la verdad,
afortunado eres.

Descubridor de lo imposible eres tú
en un mundo posible de ilusiones
y lleno de imaginación,
descubridor eres.

Y ahora eres afortunado por pensar,
por decir y hacer,
y sentir
toda la verdad.

Afortunado de pensar en libertad,
de hacer lo que quieres,
de sentir la soledad,
afortunado eres.

Loco y apasionado de la vida,
de lo real y lo abstracto,
apasionado por vivir,
apasionado eres.

MÁLAGA

Málaga, cielo cubierto de celeste,
pero celeste oscuro,
sentimiento de amargura, Málaga.

Se sienten en tu pecho sentimientos
que sumergen su mente en la tristeza,
y los mares se estremecen con el viento,
con escritos que parecen ser futuros.

Y Málaga, la alegría la mezclas,
la amargura está segura,
interiores indecisos entre la vida y la muerte.

DIVAGAR

Hablar por hablar,
soñar sin saber soñar,
hoy me encuentro solo
en el caminar despacio de la vida.

Ahora que los sueños paran,
que el pensar en no sé qué no se lleva,
te escribo palabras que,
sin duda, no significan nada,

palabras y más palabras sin pensar,
sin sentido y sin uso,
exclusivas de un pensar sin sentido,
ahora andan mis palabras.

EGO

Si acaso no debo pensar,
que tú no seas
quien me lo diga,

que sea yo
quien se dé cuenta
si es normal.

Si acaso no debo soñar,
que sean las nubes
las dichosas en hablar.

Sé que me susurran
cuando me apeno
y las sigo en silencio.

PENSAMIENTO

Contemplo la lluvia solo,
acompañado tan solo del ruido
de las gotas en las tejas del vecino.

La melancolía rompe con el silencio interior
y entro en un pensamiento profundo,
oscuro y largo, sin salida, por ahora.

Sol y universo, existencia toda
y vida en general, decidme vos:
¿qué significa mi existencia?

Soy persona que trabaja, come, duerme.
Soy persona que siente, desea, ama.
¿Soy persona indefensa ante un nada?

Las gotas en las tejas del vecino
ya no suenan, mi pensamiento se ha ido.
Ahora soy yo mismo.

PENSAMIENTOS

Pensando,
haciendo algo más que comer y dormir,
sintiendo palabras en mi mente,
palabras no habladas.

Soñando,
llegando a sentir lo que no existe,
en un tiempo que no existe,
en un mundo infinito.

Tiene sentido que yo lo diga,
tiene sentido algo, alguien.
Pura fantasía de niños pequeños
que no quieren salir a la realidad

Soñar siempre contigo

Olvido sin dudar tus lágrimas profundas,
intensas por una pena escondida.
Te quiero, y besarte desearía más que
un deseo constante de amor eterno.

Continuo pensar en palabras de carmín,
boca contra boca, aliento tras aliento,
y soñar con lo mismo a todas horas:
sexo, sexo, deseo y más deseo de amor.

Pienso en el daño mental de mi sueño,
me duele, me quejo, pero sigo soñando.
Sueño, profundo, lleno de vida, siempre tú.
¿Y esa mujer? ¿Quién es esa mujer?

Es siempre la misma.
Cuando mi sueño acaba,
siento que eres tú
la mujer de mi sueño, siempre la misma.

HIJO

¡Cómo se ríe!
Su boca parece un mundo cuando se ríe.
¡Y esa carita es tan bonita!
Parece que es feliz cuando sonríe.

¡Cómo se ríe!
Sus ojos parecen estrellas brillantes.
¡Y esas manitas son tan bonitas!
Parecen manitas hechas de algodón.

¡Qué gracia tiene mi niño!
Le acaricio la cara y me mira,
se vuelve a reír.
¡Qué gracia tiene mi niño!

Y más.
Le doy un beso y no quiere,
ahora no se ha reído, ahora llora,
pero ¡qué gracia tiene mi niño!

¿Eres quizás feliz?

Quizás tras la cortina blanca,
pared interminable de sensaciones uniformes
y vivencias infinitas,
se encuentre la puerta maciza de la felicidad,
abierta, cerrada, pero ahí.

A veces, cuando intento descubrir
lo que hay detrás de ella, me rechaza,
los cierres son más fuertes, la puerta más gruesa,
y cuando no lo intento, soy dueño
de mi propia felicidad.

Constante búsqueda de una situación incierta
y llena de controversias y falsedades,
que me lleva a la definición de felicidad interior o propia,
sin desviación, ni tan solo por casualidad,
hacia el concepto de felicidad exterior o colectiva.

Ahora, después de esa búsqueda ininterrumpida
por conseguir la felicidad exterior,
que derivaría de la constancia plena,
cuya dedicación al encuentro de la misma
sería también constante,
y cuyo resultado sería la apertura radical
de esa maciza puerta
con la consiguiente invasión del cuerpo
por la felicidad exterior.

REFLEXIÓN METÓDICA Y METODOLÓGICA DE ALGO

Sinceramente, ¿tú te lo crees?
¿Te sientes como algo real dentro de una realidad
o, por el contrario, eres algo real dentro de la irrealidad?

Cuando pienso en las posibilidades de formación
de frases sin sentido exterior,
pero con un gran respeto interior,
a la vez te pregunto:
¿serás algo irreal dentro de una realidad que se mueve
o, por el contrario, serás algo irreal
en una irrealidad constante,
que puede dar lugar a la realidad misma?

Sinceramente, tú crees en este constante
pensar en lo impensable,
crees verdaderamente
que vale la pena en nuestros días,
quebrarse la cabeza reflexionando acerca de cosas
que no se puedan comer, disfrutar, beber, amar…

Mi mundo se va, vuelve a la normalidad
dentro de la irrealidad constante,
significado directo de la realidad que se mueve,
vuelvo a introducirme en este mundo

donde el único sentido de vivir es
comer, disfrutar, beber, amar…
Sinceramente, yo me lo creo, ¿y tú?

REALIDAD

Bajemos todos al mundo,
sintamos con los humanos la realidad,
gocemos con ellos de lo cierto,
de lo presente en sus sueños despiertos.

Sigamos a aquel anciano que llora.
«¿Por qué llora, señor?»
«No es nada, mi mujer ha muerto,
murió esta mañana».

Abandonemos lo que hemos deseado conocer,
esta realidad me asusta, no quiero.
A veces, cuando el alma consigue
identificarse consigo misma, allí está la realidad.

SUEÑOS DE MUERTO

Cuando hablo de ti,
mis ojos lloran de alegría.
Te quiero, mi corazón se remueve,
se estremece ante tal hecho.

Cuando te siento,
la piel se rompe,
me convierto en muerto viviente,
el placer es infinito.

Sin embargo, cuando te pierdo
por un segundo, por una décima de segundo,
ya no soy muerto viviente, soy muerto.
El alma desaparece.

Cuando te vuelvo a encontrar,
despierto de la muerte para verte,
hablarte, sentirte, quererte
y seguir soñándote.

¿VERDAD?

Me pregunto si tendrá sentido
creer en ti, verdad no probada,
verdad no asegurada por ti
y menos camuflada en la fe.

¿Por qué?, te pregunto sin arrepentirme.
¿Por qué no lo dejaste claro?
¿Era un trabajo duro?
¿Irrealizable por ti, impotente para hacerlo?

No lo creo, no podrás contestar,
no sabes.
¿Cómo quieres que te ayudemos a entrar,
si no te conozco de vista?

A veces, no creas que no lo intento,
intento verte, pero me conformo con sentirte
en mi mente, en mis hechos,
y, a veces, en mis palabras.
¡Lo siento, perdóname!

AMOR, Y LUEGO AMOR

Es irremediable el final,
lo sabes, amor.
No sueñes con llegar más allá,
pues el final es la meta única.

Amor alejado de la verdad
y convertido en pasión y placer amargo,
no te apoderes de lo que no debes,
te haré frente con mi corazón.

Pasión que conduces a ira,
a muerte y destrucción,
serena tu cauce y no lo desbordes,
pues dueño de todo y nada serás,
amor loco.

Ahora que el cauce está tranquilo,
disfruto contigo, placer dulce,
que el corazón degusta con tranquilidad
y luego calla en ti,
amor mío.

SÉ TÚ MISMO

¿Es posible que unos besos se desvanezcan?
Tengo besos paradisíacos para cada mirada,
para cada boca, para cada alma.
Tengo amor que desborda el mundo,
corazón abierto a sugerencias.

¿Es posible que el amor entre personas exista?
¿Por qué? Cuando el corazón se abre,
todo es música, es placer de vivir.
Cuando tú amas, todos aman
tu amor y tu arte de amar.

Cuando sientes el amor, estás *enrollao,*
estás *perita,* estas guay
y eres tú, que es lo más importante.
¿Es posible que no sepas ser tú?

Cuando te vuelves contra tu persona
enfureciéndote con los demás,
sintiendo el placer de atacar,
ya no eres tú, simple explicación.

MI POESÍA

No le quites libertad,
deja que viva en paz consigo y con los demás.
¡Déjala!

Poesía sencilla para gente sencilla,
para gente que sabe amar la libertad
de unas palabras que juegan.

¡Déjalas si no riman,
que la rima la hace el poeta
que no admira la libre poesía!

¡Déjalas si no coinciden,
que la coincidencia debe ser
pura coincidencia!

¡Déjala, déjala!
Lloro por una poesía libre,
donde no rimen más que los sentimientos.

Tengo sentimientos de poesía,
poesía que no rima, poesía que no coincide,
mi propia poesía.

RIMAS, ¿PARA QUÉ?

Soy sol,
sin rayos ni pasión,
sin calor, sin verdad,
sin corazón, sin amor.

Cuando me encierro en mi interior,
me falta algo grande, algo inmenso,
algo superior,
algo que siento y en lo que pienso.

A veces, cuando mi vida se desvanece,
es cuando tengo ganas de vivir,
y no me pertenece
más que sentir el morir.

Mi poesía no rima,
porque así la siento,
y no quiero que piensen encima
que eso no es cierto.

HACER EL AMOR

Si observas el atardecer tras una ventana,
fíjate en el sol, en las nubes, en el viento.
Si me observas de cerca a la hora de dormir,
deberás fijarte bien en mi atardecer, en ti.

Cuando veas las olas de la mar,
mira su rugir de furor en la arena.
Cuando estemos cuerpo a cuerpo,
siente el rugir del mío en el tuyo
y… ¡la explosión!

Siempre que observes la mar en calma,
es porque su furor ya ha cesado.
Es así como habrá terminado
mi cuerpo en el tuyo: en silencio,
sin cansancio, amor

¿QUÉ ES VOLAR?

Volar es una nube blanca
que ves y no sientes pasar.
Volar es escribir en el cielo
notas de música ancestral.

¿Volar es mirarte al espejo?

¿Volar?

Volar es estar un tiempo a tu lado,
gozar de tu luz sensacional.
Volar es el vuelo de una paloma
cortando el cielo en poesía orquestal.

¿Volar es mirarte al espejo?

¿Volar?

Volar es quererte sólo un poco,
solo, siempre, mucho en soledad.
Volar es caminar en el agua,
en silencio, despacio, y es verdad.

¿Volar es mirarte al espejo?

¿Qué es volar?

DÍA Y NOCHE

Noche sin luna y sol,
y no te he encontrado
abierta ninguna flor,
y todo, todo callado.

Día sin sol y luna,
no más que una sonrisa
con una canción de cuna
y sin tener mucha prisa.

POEMAS ADOLESCENTES

Sus ojos brillan al sol,
su rostro es triste y pálido,
su mirada hacia mí es escasa,
su cuerpo, pequeño y decaído,
recuerda a otro que no soy yo,
y lo comprendo a pesar de que la quiero.

POEMAS DE FE

Eres tú, Dios mi Señor,
que me perdonas los pecados,
que me ayudas cuando puedes,
que estás siempre a mi lado,
el dios de todo.

Dios de mi muerte,
que dominas mi amargura,
domina mi mente,
siénteme en tu pecho
para que alguna vez sea tu hijo.

Sé que mi arrepentimiento
ha llegado tarde a ti,
pero que tu corazón lo acoja
como un buen arrepentimiento
y no me olvide a mí.

He llegado a perderme,
pero al fin te he encontrado,
Dios de mí, hijo de ti,
que sin duda lo será,
si no lo rechazas.

Finalidad

Y viví una vida
como tantas de tantos
o tantos con tantas,
y la disfruté cuanto pude.

Y fui padre de hijos,
y no sé si me comprendieron.
Los llevé de la mano
mientras supe y volaron,
y no sé a dónde lo hicieron,
pues no sabían demasiado de la vida.

Y planté un árbol,
y sus frutos no maduraban,
se caían, no aguantaban
el revés de los vientos,
ni los fríos, ni las fuertes
lluvias de primavera,
no soportaban su tiempo.

Y escribí un libro,
y sus palabras se volvían absurdas,
no me comprendían,
ni mis pensamientos sobre
la irrealidad de la realidad,
ni de lo imperfecto del infinito,

ni de la ausencia de verdad
en lo duro de la vida.

Y conseguí entenderlo,
y no fue mejor que cuando no lo entendía,
pues la finalidad de todo
no era hacer un hijo,
ni plantar un árbol,
ni escribir un libro.
La finalidad de todo era
vivir la vida
con sus consecuencias.

AMISTAD

Mirando hacia el pasado
y disfrutando del presente contigo,
comprendo lo que es la amistad,
comprendo lo que eres
cuando hablas, cuando escuchas,
cuando delimitas tus prioridades por mí,
siendo mi amiga,
me siento tu amiga de corazón
y así miro al futuro con optimismo.

MISCELÁNEA

Acosado por el constante silencio,
callado para no molestar
al destino amargo de la vida,
vivo,

queriendo llegar a lo imposible,
a lo insospechadamente difícil
de llegar y conseguir,
al amor.

Oscureciendo lo bello
porque no es cierto, es contrario
a lo que creemos y sentimos,
ahora voy.

Pero no llego, no lo toco,
no lo siento, no es verdad,
es una mentira constante
de vital importancia.

Y me encuentro solo
en el vacío, en el hueco,
en el infinito agujero
de la vida.

Sienten cómo se les va
la existencia, pero no piensan
en que llegarán a su muerte,
a su sueño profundo,

y despertarán con ganas
de escribir sobre la muerte,
y habrán caído así
en la trampa de la vida.

Sentidos desbocados por la luz,
la sombra, la verdad y la mentira.
Ojos descompuestos que no ven
comidos por el tiempo de la vida.
Sufrimiento que no puedo impedir
con esta vida que quiero,
pero que no puedo vivir.
Piedras desnudas en mi mente
soñáis con ser algo,
tratáis de ser diosas,
pues dejad de intentarlo.
Pájaros sin rumbo fijo,
¿a dónde tratáis de llegar,
quiénes sois en realidad,
pájaros sin rumbo?
Sabed, flores marchitas,
que esto no es el final,
llegaréis algún día al cielo.
¡Intentad vosotras volar!

Animales que sabéis todo,
amargados por el tiempo,
por la vida cruel,
por los hombres.
Todos, criaturas inmersas,
aprovechad el tiempo bien
y sabed que llegaréis como todos
un día al cielo.

Los álamos sufren el temblor, el dolor
que el viento sin escrúpulos lanza,
y rayos de fuerza destructores.

Intento ayudarles, pero siento dolor,
el viento sin escrúpulos no te quiere,
quiere tu perdición, quiere tu muerte.

Sonando la flauta, la escucho,
admiro sus palabras, sus versos, su poesía.
Pero cuando calla, muero,
pierdo el sonido del exterior. Sí, me pierdo.
Ahora la flauta me dedica versos y más versos,
y poesía:

Pensando llegas al infinito,
un infinito que no existe,
amor, luz, belleza,
intento conseguir la paz
de introducirte en la realidad,
pero no lo consigues.
Haces al servicio de todos
lo que mandan y obedeces.
Haces caso, pero sabes que, como yo,
nadie te querrá más,
sabes que tenemos algo en común:
la poesía.

Siento cómo mis versos quedan paralizados,
inmersos en un mar profundo,
lleno de estrellas y lunas infinitas,
y me dirijo a ella con dos palabras:
«te quiero».

Sobre la mesa dejo papeles olvidados,
un bolígrafo sin tinta
y muchas horas de trabajo.

Pienso en palabras expresadas,
noto el correr del tiempo y lo olvido,
olvido esas notas.

No destroces aquello
que me pueda hacer daño,
míralo, tócalo, pero no le hagas daño,
pues su dolor es el mío.

La luna observa con dulzura tu edad
y transmite sus reflejos a tu cara.
El sol quiere dar su amor a tu mirada,
limpia, pura, verdadera, pero cansada.

Solo tu edad refleja el sentimiento
de un amor sincero y verdadero,
una edad tranquila y maravillosa
con la que consigues el mundo.

Siento cómo tu pelo me roza,
cómo tus labios me sienten,
cómo tu vida es mía.

Y siento cómo la noche pasa,
cómo el amor se consume,
cómo mi lecho es tu lecho,
cómo yo soy tú y tú eres yo.

Pero a pesar de lo que siento
es lo que vivo.
Sí, es lo que estoy viviendo.

A veces, cuando miro tras el cristal,
observo un largo camino que recorrer,
creo que es absurdo.

A veces, cuando mi cuerpo
observa su exterior y piensa,
el pensar se vuelve mudo.

A veces, cuando me asomo
al pasado, veo cosas, cosas,
cosas que no se ven y se pierden.

Quiero saltar de nuevo a mi mundo,
pero el foso es muy largo
y no puedo saltarlo.

Quiero pensar en cosas útiles
que sirvan para mi mundo,
no puedo saltar el foso.

Quiero llegar a ser algo
que surja de la fe de Dios,
pero a veces no puedo saltar el foso.

El viento acariciaba mi espalda
y yo lo sentía, una brisa,
como tus manos en la tarde,
tibias, suaves y hermosas.

Y mis labios tenían jugo,
jugo que llegaba con la brisa,
una brisa como de mar,
un mar como de amor.

Pocas veces la tristeza
se apodera de mí,
y cuando lo hace, no soy yo.

Pocas veces he llorado,
pero cuando lo he hecho,
no era yo.

Muchas veces la alegría
era solo mía, y cuando
lo era, sí era yo, solo yo.

Solo cuando ocurre esto,
puedo ser yo, o no, y todo
por ti, mi amor.

La lámpara, compañera de sueños,
compañera de caminos,
por el universo nocturno.

Solo ella sabe cómo iluminar
el camino que me une
con el mundo.

De vez en cuando, cuando te veo,
la melancolía y la tristeza
tratan de llegar a mí, y lo consiguen.

A veces, como tantas otras,
llego a pensar en ti como
la salvación de mí, de mi vida.

A veces, cuando te miro,
tu luz me ciega por completo
y me hace feliz, lo siento.

Las gafas empañadas,
el cristal roto de la vida,
muerto.

Me someto a los brazos
de su libertad, pero eso es.
No soy libre,
su libertad me agarra.

Las gafas empañadas,
el cristal roto de llorar,
pues las lágrimas matan.

Sangre, solo hay sangre,
y me parecen lágrimas,
quizás lágrimas de sangre
que quieren llegar a mí.

Las gafas empañadas,
el cristal roto
por el tiempo.

Ya no se ve, lo intento,
pero ahora los ojos llenos
por los cristales de las gafas
me han dejado ciego.

Ahora,
las gafas empañadas
no me dejan ver.

Vientos helados del norte,
callad con vuestro ruido
la nieve que cae despacio
y cubre con manta blanca
donde estoy, todo mi espacio.

Negadle sus palabras
demoledoras y macabras;
decidle, vientos sin rumbo,
que en el frío del invierno
matan mis palabras.

Callad el frío mortal
que veo, observo y encuentro
en el interior del invierno,
un invierno falso y seco
que mata mis esperanzas.

Ahora llego al final
sin saber qué hacer
ni a dónde ir.
Hoy mi amargura es tal…
¡creo que muero!

En el pasado
la lluvia se enfureció conmigo.
Tú estuviste tranquila, mi serranía,
pero un día la lluvia caló
varias veces hasta tu centro.

En parte pudo ser bonito
y quizás bueno, pero podría
haber destrozado tu vida.

Ahora, después de aquellos buenos ratos,
pero de los que te arrepientes,
te llega la sequía.

Ahora la sequía dudará
y durará, pero te aseguro
que una lluvia menos intensa,
más provechosa y bondadosa
que te hará sentir feliz,
llegará. Sí, algún día llegará.

Tu pelo es moreno,
niña de mis profundidades,
tus ojos son como algo,
algo inimaginable,
y no eres gitana.

Tu boca es tan sensual,
de diosa griega, Afrodita quizás.
Tu caminar es tan gracioso
como si cogieras amapolas,
y no eres gitana.

Tu pensar es tan maravilloso
que el viento se siente atraído.
Tu manera de amar es tan especial
como si me llevaras al paraíso,
y no eres gitana.

Tu manera de mirar a la luna
es tan atrayente que soy luna.
Tus manos son tan suaves y limpias
como un río cristalino,
y no eres gitana.
Y yo pienso en ti,
¿y no es gitana?
Mérito universal, mérito de amor.

Vi tus lágrimas en mí,
vi mi culpa reflejada.
Sí, te vi llorando
y lloré.

Te vi preocupada,
y me preocupé.
Sé que fue mi culpa,
perdóname.

Hoy veo la realidad sometida,
comprendo la amarga verdad,
acabo cerrando los ojos
y no viendo nada.

No siento nada, todo es falso.
Hoy ya no se siente el amor
como en el pasado se ha sentido.

Ya no miro a mi alrededor,
no quiero observar el aburrimiento.
El erotismo se difunde
y quiero terminar con su maldad.

No veo placer en nada,
no pienso en cosas que hacen daño,
solo pienso en lo bello de las cosas,
en la verdad de las cosas
y en lo que realmente es amor.

Quiero que mis palabras
no hieran a nadie,
quiero que me comprendas
y que comprendas mi amor.

Quiero que no dudes
entre el sí o el no,
quiero que tus ideas estén claras,
quiero que tu pensamiento
esté siempre claro, muy claro.

Ahora no rompo la monotonía,
una monotonía que impone,
que hace que te vea
siempre, siempre igual.

Solo dos horas,
monotonía que me pone enfermo,
que me hace estar cada vez peor,
una monotonía que mata.

Hoy como otros días
no oigo el pinar,
no escucho sus palabras.

Ayer y antes de ayer
ya no decía nada,
ya estaba callado.

Mañana no volveré,
no vendré al pinar.
Está tan callado que parece muerto.

Voy al mismo sitio,
hablo con la gente de siempre,
vivo en la misma casa.

Ya tengo muchos años
y no ha cambiado nada,
seguimos robotizados
en un mundo callado y negro.

Vuelvo a casa ya tarde,
tomo algo, como siempre.
Voy al mismo sitio,
hablo con la gente de siempre,
vivo en la misma casa.

Mi niña, ven,
observa los rayos de la luna
y mira el mar en la noche;
adentrémonos en la profundidad
y amémonos, niña mía, amémonos.

Mi niña, acércate,
siente mi brazo por tu fino cuello
y destruye la tristeza interior,
que yo, tu niño, te vea reír.
Sí, alegrémonos, niña mía, alegrémonos.

Mi niña, quiéreme,
salgamos de esta música
y entremos en el interior de la luna.
Perdámonos en un sueño profundo,
pero no llores, niña mía, no llores.

Quiero tenerte, mi niña,
y te tengo.
Quiero ser tuyo,
y lo soy.
Amor noctámbulo y romántico,
tú y yo.

¡Oh, cálido abrazo en la noche!
Amor desesperado,
novela de miradas al pasado,
al pasado y al futuro,
pero que no consigue el presente.

¡Oh, cambio semanal!
Pasar de rosa a jazmín,
de azúcar a miel,
de brisa a huracán,
así cambias tú mi vida.
¡Oh, cárcel de mis pensamientos!,
¿me quieres?, ¿quieres mi angustia?
Piensa, recapacita y dime,
por favor, dime la verdad,
que yo la tendré en mis pensamientos.

Yo te he dicho mi verdad,
expresada con mis locas palabras,
te transmito mi pasada soledad,
mi presente
y futuro amor.

Ahora que mi soledad ha cesado,
intento llorar por mis pecados
y me arrepiento de todos ellos
llorando, llorando con lágrimas.

Ahora la sangre corre por mis ojos
y yo soy tuyo, y tú eres mía
y mi llorar se hace constante,
y mis lágrimas son de sangre.

Sigo paseando solo
por un túnel muy largo.
La soledad intenta invadirme,
pero no me encuentro solo,
te tengo a ti.

Sigo paseando solo
por un túnel muy largo.
Me entran ansias de saber,
quiero saber el final,
los nervios me invaden.

Sigo paseando solo
por el túnel largo.
Mi mente bloquea preguntas,
erosionan mi cerebro,
no puedo seguir pensando,
por qué no paro de pasear solo
por un túnel inmenso.

Amparado en una soledad constante,
camino con esperanza,
y un continuo viajar de mi mente
me causa dudas inmensas.

Mi experiencia depende de ti, Señor.
Dios de todo mi ser,
ahora que me conoces, dime:
¿quién llegaré a ser en tu seno?

Y ella me llamó libertad,
porque mi cariño
la liberaba de todo.

Y ella me llamó libertad,
intentaba amarla con sinceridad
y conseguí que me amara.

Y ella seguía llamándome libertad.
Después quise seguirla y la seguí,
supe quién era,
la descubrí.

Y ella ya no me llamó libertad,
me llamó amor.

Si tus ojos observaran el cielo,
verían nubes encarceladas
y al final los míos.

Si tus manos acariciaran
la piel que me cubre,
me descubrirían.

Si tu boca tocara
con sus labios mi cuerpo,
seguro que al final estarían los míos.

Si tu cuerpo rozara con tu belleza
el mío, mi cuerpo no sería mío,
cariño, sería tuyo.

Creo sinceramente
que la rima y la métrica en poesía
suponen quitarle toda la belleza y armonía
a algo que se quiere hacer perfectamente.

Creo que de la poesía es la libertad
de hacerla como se quiera,
porque así se consigue la única verdad
de toda, toda mi vida entera.

La playa está desierta,
las olas rompen en la arena,
en este silencio mi corazón despierta,
porque me acuerdo de ti, morena.

Me acompañan las gaviotas
y camino a su lado,
empiezan a caer gotas
que en un momento me han mojado.

Ahora veo millares de estrellas,
aunque el cielo esté cubierto
y me acuerdo de las cosas bellas,
porque mi corazón ya está despierto.

De las arboledas verdes
sale una luz anaranjada,
veo que algo se va y se oculta,
la luz se va haciendo más delgada.

Los árboles se van perdiendo,
las hojas ya no las encuentro.
¿Qué pasa? No te vayas,
no quiero que te pierdas,
luz de atardecer, luz de muerte.

¿En qué tiempo vivo
si mi duda es eterna?
¿En qué tiempo vivo
que el silencio queda sin aliento?

Es verdad que el sueño es oro
y que la realidad un sueño que nunca acaba,
no termina, que se queja de seguir soñando.
¿En qué tiempo sueño,
si mi cuerpo se queja por la vejez?

Ahora que mis ojos se cierran cansados me pregunto:
¿en qué sueño estoy viviendo?

Quiero palabras dulces
que digan frases distintas,
frases con sentido,
frases de amor.

Quiero un amor agridulce,
amores de primavera
llenos de amor y de odio,
amores del viejo tiempo.

Me caso y veo venir algo.
¿Algo con lo que me he casado?
¿Algo con lo que tendré que convivir?
Algo, algo, ¿qué es?

Mi tristeza se funde en el océano,
lágrimas saladas,
tristeza con llanto de alguien,
¿de mí?, ¿de ti?

Llanto monótono del pasado,
llanto que se calma con el presente,
pero que si continúa así,
se avivará en el futuro.

¡Calla, cielo diurno!
No digas necedades,
no maldigas a tu pueblo,
o la maldición se tornará hacia tu pecho.

No mires de esa forma
a tu gente, a todas estas vidas
inocentes, cariñosas que, además,
te necesitan.

No nos muestres el futuro negro,
no nos guíes por el camino equivocado
y sabremos agradecer,
y nos agradecerás lo aconsejado.

Mañana hablaré con las estrellas
y les contaré cosas, muchas cosas.
Les contaré cuánto te quiero,
de qué forma.

Todo lo que dejaría por ti,
todo lo que daría por ti,
y ellas contestarán: «eres muy exagerado».
Y yo les diré: «¡si supierais cómo es,

el universo se echaría a sus pies!».
Y ellas volverán a decir: «ya será para menos».
Y yo las conduciré hacia ti,
te mostraré ante ellas.

Y ellas concluirán
con palabras muy sabias:
«ahora sabemos por qué,
ahora somos todas suyas».

A lo largo de un camino inmenso
camino despacio, sin prisa,
como nubes de verano,
como árboles de sueño.

A lo largo de este camino
voy soñando en un paisaje que no veo,
voy viendo en la tierra
cosas en las que no creo,

cosas que encierran misterio.
A lo largo de mi camino oscuro
llego a un límite insospechado:
la muerte.

Dejad, árboles sin tierra,
que vuestras raíces sujeten el mundo,
que vuestras hojas lo cubran
de color propio, de vuestro color.

Dejad, pájaros olvidados,
vuestros vuelos en el aire,
vuestras plumas en el nido,
vuestra verdad en la tierra.

Dejad, montes helados,
vuestro reflejo en el agua,
vuestra esencia en las nubes
y vuestra canción en vuestro dios.

Dejad, labios de glucosa,
vuestra pena en mi alma,
vuestro llorar en mis ojos
y vuestro sabor en los míos.

Hoy no quiero caer en lo peor,
quiero mirarte a través del cristal,
necesito mirar tus suaves gotas,
porque solo así dejaré atrás mi sufrimiento.

Hoy no veo más que risas grotescas,
no veo más que burlas,
todas hacia mí.

No veo más que una filosofía inexperta
de pensamientos desajustados,
y todos son míos.

Hoy no veo más que fallos y más fallos,
no veo más que fracaso y sufrimiento,
y todos los tengo yo.

Menos mal que al fin te veo,
me animo y me reconvierto.

Ahora, cartón húmedo,
cala el agua tu corazón,
te coge preso, te llama inútil,
porque eso es lo que eres.

Ahora el pájaro se asusta,
después de tanto tiempo en el mismo lugar,
el pájaro es asustado
por golpes que mueven la rama.

Ahora el mar se queda desnudo
ante su hermana la tierra,
y le preocupa su desnudez,
y se avergüenza ella.

Ahora el folio está roto,
unas manos lo han hecho,
las manos de la destrucción,
las mismas de la muerte.

Al fin tus ojos descubrieron
el libro de la esperanza.
Al fin tus labios besaron
los labios que otra no alcanza.

Al fin tu cuerpo sintió
cómo el mío lo gozaba.
Al fin tu mirar me descubrió,
amor, amor, cómo te amaba.

Yo, lágrima del ayer,
desnuda por el sufrimiento
que en pasado hallé,
hoy vestida me siento,
porque tu amor encontré.

Amor que al fin ha llegado
después de tanto sufrir.
Amor que no eres comprado
como a otros he oído decir,
que este amor tuyo es dado
y que conmigo quiere vivir.

Y siento en sus besos el amor
que toda su mente desprende.
Es puro como la flor
que la primavera siente
en su vivo corazón.

Hoy los dos amores se funden
en un mundo de sueños,
y los dos cuerpos se unen
en uno solo, donde hay dueño.

Caminos perdidos en el futuro,
en un río que no tiene fin,
en un universo que no conocemos,
en un águila sin rumbo.

¿A dónde vais, caminos en los vientos?
Caminos sin alma y sin aliento,
sin cuerpo ni sentido.
¿A dónde vais, caminos vacíos?

Caminos en el mar,
perdidos en océanos interminables,
perdidos en un cuerpo sin sombra,
en una luna que no existe.

¿A dónde vais?
¿De qué me habláis, caminos intensos,
de marcha forzada,
de ojos fundidos e invisibles,
de cabellos de oro como átomos?

Pies de marcha en el camino,
¿a dónde os dirigís?
¿Quién os seguirá?
¿Quién tendrá fe en lo que buscáis?

Caminos del tiempo y del espacio,
¿quiénes sois?, ¿dónde vais?
¿Cómo realmente os llamáis,
caminos de la muerte?

Encuentro mi libro cerrado,
sus hojas están calladas,
silenciosas y vacías.
Ahora creo que necesitan de mí,
de mis palabras, de mis versos,
para la sonrisa eterna de su rostro.

Encarcelado te encuentras,
pájaro sin libertad,
plumas deterioradas de aletear
en una cárcel cuyos barrotes
son inseparables.

Y ahora, encarcelado te encuentras,
pájaro, en mi mente.

Y tu lucha se encuentra sola,
y llamas, y gritas, pides ayuda,
pero nadie te oye.
Y hoy, aún sigues encarcelado,
pájaro de muerte, en el tiempo.

Hoy las observo y me lloran,
las veo arrastrarse, moverse,
esconderse en las blancas cumbres
del monte que llora y está mojado.

Caer en el error de ocultarse,
caer en los brazos de su cuerpo húmedo,
entrar en sus lágrimas y llorar,
llorar más que un enamorado.

Hoy, filosofía sin verdad,
me das conclusiones absurdas
y no digo que la mía valga más,
me doy cuenta de tus burlas.

Y en la filosofía nueva,
suave, llena de armonías,
es una filosofía que lleva
conclusiones de amores mías.

El patio está sin sombras,
la luz lo ha cubierto
como manta que cubre
a un niño pequeño en invierno.

Ahora el dios de la luz
quiere maltratar mi pena,
y le pido a las nubes:
¡cubridle, terminad con él!

¡No! Ahora el viento mueve la tierra,
y nos separamos más de la luz
hasta que… ¡ha desaparecido!
Ahora podré vivir.

Caminó con lentitud,
sin prisas,
y el tiempo consumía
toda su vida.

Ahora queda poco tiempo
y hay que hablar de muerte,
y la prisa y el correr
ya no tienen sentido.

Y el almendro llora,
su llanto cae de las hojas
y cubre su tronco,
lágrimas agrias y destructoras
que arrasan la hierba de su entorno.

Hoy el pájaro cae enfermo,
bebió del llanto del almendro
y no tendrá cura,
y la hierba muerta lo arropará.

Ya el almendro está seco,
porque su llanto quemó sus ramas
y destruyó su cuerpo
que ahora veo desnudo.

Ante mi llanto se encuentra el almendro
que desnudo ríe. Es cruel,
pues cuando él lloraba,
yo reía.

Quiero mirarte y no puedo,
a mis ojos les duele tu luz,
sin tu mirada me quedo
deslumbrado por tu desnudez.

Quiero hablarte a lo lejos,
creo no poder hacerlo,
le hablo a la foto en el espejo
y nunca podré comprenderlo.

Quiero quererte y no quieres,
crees que podré dañarte
la cara bonita que tienes,
creo que jamás más podré quererte.

Ahora, luz del alba,
luz que enamora,
mírale al mar el alma
desde la bahía mora.

Ahora, luz del amanecer,
enamora los dos cuerpos,
esos que te contemplan con placer,
siendo tus siervos.

Ahora el atardecer te espera en esa roca
contemplando tu mirar,
cuya luz se va perdiendo,
tú solo sol, tu solo siendo.

Las olas del mar
mueven constantemente el amor,
el amor que con sal se moja
y con sal se cura.

Amor de amores constantes
que a veces no quiero ni ver,
amores dulces y amargos
en contraste a la vez.

Es así como la felicidad llega,
pero no se sabe cómo se va,
hasta que por primera vez no se pierde,
jamás nunca se sabrá.

Y una vez perdida
de nuevo podrá llegar
hasta el corazón de alguien
la cual deberá conservar.

Ahora que la felicidad llegó
hasta mi corazón,
nunca querré que se vaya
pues es pura, pura felicidad.

Quiero recordarte en soledad
y no te recuerdo,
quiero verte en un tiempo
y apenas lo consigo.

¿Qué pasa, cielo?
¿Por qué esta realidad?
No hago más que pensar,
intento romperla.

No, deja que mis ojos la miren,
aunque solo sea una vez en el tiempo.
¡Déjame, realidad incierta,
déjame hablar con ella!

Que me diga algo,
que el teléfono me llene de esperanzas,
que nos hablemos en mutua soledad,
en una oscuridad profunda.

Déjanos que nos besemos en sueños.
Gracias, amor; gracias, realidad.

Hoy me he puesto a pensar
porque he visto un problema reflejado.
Hoy me he puesto a llorar,
porque sé que no soy yo el primero.

Que tus ojos no se tornen,
amor de las tinieblas, amor despierto,
que tus ojos solo miren mis ojos,
morir quisiera algunas veces
cuando se tornan a otros.

Y mi amor, oyendo tus palabras,
no se torna, y no tornan los ojos
a otros que no sean los tuyos,
para que morir nunca quisieras
como yo, cuando los tuyos tornan.

No estés nunca indecisa
de lo que quieras y puedas hacer,
porque solo tus ojos deberían siempre mirarme
y, sin embargo, solo a veces,
a veces quisiera morir.

Palabras que a veces se escapan
y que no encuentran mis oídos,
palabras y más palabras
las que a veces son tuyas, pero no mías.

Sé que vivir en un mundo
en el que solo a veces tus palabras mías son
es vivir en medio mundo
o solo sea medio vivir.

Ahora que muerto de celos estoy,
la vida en el amor es muerte,
muerte constante y maravillosa,
donde tus palabras a veces son mías,
pero las mías son siempre tuyas.

Íbamos hacia la deriva,
navegábamos sin rumbo fijo,
marchábamos hacia el final,
acabamos en el interior de un océano.

Y en ese interior
jugamos con el amor,
ojos limpios y alegres, tú y yo,
soñamos con el dolor,
estuvimos en silencio.

Pensamos en el silencio del amor,
entramos en su hogar,
tanto calor,
relucía nuestro amar callados,
ojos tristes y mojados, tú y yo.

Acababa de llover, y te sentía,
comprendía tus manos, tu boca,
te comprendía.

Acababa de recorrer tu cuerpo con mis labios
y comprendía lo que hacía,
me comprendía.

Acababa de hacerte el amor
y comprendíamos lo que hacíamos,
nos comprendíamos.

Ya eran las diez, y tan solo nos habíamos mirado,
pasaron diez minutos e hicimos el amor,
y cuando terminamos, supimos quiénes éramos:
éramos tan solo tú y yo.

Ya eran las doce, y volvimos a mirarnos.
Aunque sabíamos que era tarde,
volvimos a besarnos,
y lo hicimos otra vez tú y yo.

Hoy siento la nieve,
una nieve que muerde,
que enfría hasta los huesos,
un frío interno y angustioso.

Hoy siento cansado
el viento helador del invierno,
quiero moverme y no puedo
entre pinos abstractos.

La madrugada se llevó
ilusiones y esperanzas todas,
hoy siento cansado
el viento del invierno helador.

Hoy creo que verte
es un sueño absurdo.
Hoy creo que besarte
se lo lleva el tiempo.
Hoy creo que quererte
no es algo imposible,
sino absolutamente frío,
algo helador.

Entre troncos irrompibles ando
y quiero coger esa manzana,
entre árboles oscuros voy
y no la alcanza mi vista.

¡Oh, bosques sin rumbo
dejadme alcanzarla,
dejadme que sienta su jugo,
su sabor, esa delicia!

Me quejo a mi dios
y me toma por loco:
«¿cómo habiendo tantos manjares
quieres esa manzana?».

Esta manzana es especial,
es un manjar diferente,
es delicia de amor.
Desde aquel día
tuve dificultades para cogerla,
trampas, obstáculos,
pero al fin la conseguí.

Cuéntame, dime cosas graves,
pero dilas en silencio,
porque el viento lleva
tus palabras a la luna llena.

Ya escuchó la luna
tus palabras dolorosas,
ya la hiciste llorar
y con ella, mi lástima.

Ella no puede ver
dónde lo hiciste,
pues queda una sombra en medio
que no deja ver la desgracia.

Veo la bondad en los hechos
y también lo poco que afectan,
que al final no fue nada,
que se olvidaron en el pasado.

Hoy la luna llora
por todas tus palabras,
pero no te deja sola,
ni siquiera con la muerte.

Las nubes blancas cubrieron tu mente
con diecinueve años en tu memoria.
Pasado, presente y futuro, pasado que miente,
fruto del pasado de una mala historia.

Esa eres tú, cariño de mis sueños,
mujer de mi esperanza futura,
quiero seguir contigo una aventura
de la que los dos seamos dueños.

Amante del amor y la alegría,
cielo del vivir con ilusión,
hay cosas en tu memoria fría
y cosas que unidas forman una canción.

Canción de ritmos en tu existencia
cuando yo me acerqué a ti,
y ahora guardas a veces penitencia
para que tu amor no se aleje de mí.

Y hemos vivido momentos de tristeza,
momentos de llanto y desilusión,
pero ahora te digo con franqueza
que es tuyo, sí, tuyo, mi corazón.

Curvas que rompen el camino,
rosas que destruyen el desierto,
paloma que rompe la cárcel,
piensa en esto.

Santos que rompen maldades,
fuego destructor de todo,
demonios arrancadores de sueños,
sueña en esto.

Creencias que no se creen,
mundo contemporáneo,
creencias que se pierden
con el paso del tiempo.

Hoy no puedo dormir,
me da vueltas todo,
no me doy cuenta del problema,
no quiero saber nada,
me arropo la cabeza
y pienso en dormir, duermo.

Pienso en sueño profundo,
un sueño sin nada ni nadie,
como si todo de mí se hubiera ido.

Abro los ojos y veo que no hay nada,
que estoy solo en algún lugar,
que me siento asustado,
y veo venir algo abstracto
que intento coger y se resbala,
intenta entrar y no lo dejo.
¿Por qué, conciencia?

Subieron de nuevo las risas
y más tarde la ilusión,
pero por fin llegó el llanto
que bañó su corazón.

Dolor, dolor y llorar,
eso fue lo que surgió
de lo que antes eran risas,
en lágrimas se convirtió.

Allende el río es más hondo
y el mar más odioso,
allí está mi amada
en busca de ilusión.

Allende la luna escapa
de su pasado amor,
allí están tus ojos puestos
con mi dolor y más dolor.

Allende se unen los lazos
de tu y mi corazón,
allí es amada mía
donde está nuestro amor.

¡Qué cariñosas sus manos,
su piel en la madrugada!
¡Qué ternura en sus ojos
y su pecho tan intenso!

Su calor ya quemaba,
me retiraba,
pero más y más ardía.

Y quise apagar un poco,
no era posible,
y me acarició su boca.

Lamento cuando escribo,
pues escribo lo que siento,
y me descubro.

Y descubro cosas sinceras,
soledades, amarguras
y cien felicidades,

felicidades limitadas
por el tiempo
y los relojes absurdos,

relojes que nos dan el motivo
para seguir abordando
lo mejor de la vida.

Mi bolígrafo escribe,
se detiene, puntualiza
y sigue escribiendo.

Dice de qué y para qué,
debe decir lo que siente
de sí mismo.

Y el caso es que no piensa,
el pobre no piensa realmente
lo que escribe.

Quizás si escribiera de sí mismo,
no sabría lo que decir
dentro del contexto de lo escrito,

porque si pensara,
liaría las palabras
y se pararía.

Y si de amor hablamos,
no hablamos,
callamos en el infinito,

porque ya llegamos
sin esfuerzo
donde debíamos,

porque nuestra fuerza
era limitada,
pero firme.

Y ahora de silencio hablo,
y te hablo en voz alta,
soledad, tonta soledad,

porque cuando me dejas,
sueño, elevo mi alma a mi mente
y disfruto de todo.

Mi ducha reflexiona
ante la realidad,
cansada de verme
no me habla, me moja.

El vapor se pega al espejo
y el ambiente se oscurece
ante mí, en mi baño.
Pero es curioso:
cuando miro a mi ducha,
mi ducha no puede hablar,
está llorando.

Toalla húmeda de vapor,
ambiente nublado;
me arropa el horror
de sentirme solo.

Angustia de salir del infierno
cuando la suerte está echada
sabiendo de mi ducha
que ha muerto.

La manta me oprime el cuerpo,
me hace daño, la siento.
Sujeto a las sabanas del sueño
se transparenta algo, mis sentimientos.

Al coger en esta vida la verdad,
sientes que se viene abajo y muere,
cuando unas palabras la rectifican
y definitivamente las cambian por otras.

El calor de mi vida se nota en el tiempo,
y lo veo venir.
Ahora que la vida es sueño y el sueño quema,
no me importa morir.

Cuando la única visión que tengo
es mi amargura a través de una ventana,
me hace pensar en mi pasado,
un pasado lleno de problemas y controversias.

Mientras que mi vida tan solo muere,
sigo pensando sobre mi yo,
sobre mi única salvación posible:
no pensar, creer.

Ahora, estando encerrado en mí mismo,
pienso, aunque no debo, y concluyo:
¿por qué mi amargura constante,
si te tengo a ti?

Hay razonamientos que no salen de sí mismos,
se quedan llorando, tristes, amargos y mueren,
pero creo, asimilo cosas de la vida,
y así ni mueres, ni morirá mi vida.

Donde las luces me necesitan,
allí está mi mundo,
donde lo que se puede observar
está a mi vista, está en mí.

Mi mundo se limitará a Dios,
a mi filosofía, a mi verdad, a mi vida,
a aquello que me hizo ver algo
y que lo es todo.

Bravo ruido en las alturas,
incesante ante los oídos
de un dios y sus hijos,
acariciando las nubes desiertas
y llenas de encanto
al amanecer.

Ahora, escondido en un vacío,
temblando ante tal espectáculo,
me siento.
Si supieran los seres invisibles de las alturas
cómo me encuentro y dónde,
agradecerían el verme.

En primavera,
cuando las rosas empiezan a florecer
y los capullos entornan sus pétalos,
tú ya has florecido.

Has llegado a la plenitud floral,
y así, primavera tras primavera,
como si no existiera el tiempo en ti,
sigues siendo primavera infinita.

Juventud inerte, llena de vida,
color, forma, belleza, elegancia,
nombres comunes dignos de ti,
dignos de tu nombre propio.

Tres rosas a tu nombre,
y belleza, olor infinito,
la brisa directa a ti
y a tu pelo, sensación total.

Bastaría quererte, amarte,
tenerte entre mis brazos
para saber que esto es vivir,
esto es sentir la realidad.

Tres rosas a tu universo
y cuerpo, amor completo.
Tres rosas para ti,
dos rojas y una rosa.

Corresponde a mi sentimiento
algo que creo no merecer,
pues yo creo que por ti siento
el amor más profundo de mi ser.

Dime si tu querer no llega
ni a la altura de mi mitad,
y clasifica tus sentimientos
para que yo pueda pensar.

Pensar en el futuro
de la vida que me queda por vivir,
para no seguir andando en lo oscuro
de la oscuridad más infinita.

Extraño me siento
dentro de un mundo complejo,
esquemático y ordenado,
sin el menor sentimiento.

Derroche de mis principios
que se pierden en el horizonte
sin alguien que corresponda
aquellos más sinceros.

Solo, me encuentro solo,
pues aquello que me rodea
solo sabe comprender
aquello que yo no siento.

Anhelo,
labrando la tierra, sembrando trigo,
recogiendo cosechas solo contigo,
pescando en la mar, cogiendo peces,
de colores y dorados, contigo y mis redes.

Anhelo,
llorando a solas tras el cristal,
pensando en ti de forma abismal,
viajando por el universo,
tratando de encerrar las estrellas en un verso.

Anhelo,
sintiendo tu cuerpo junto a mí,
pasando mis manos sobre ti,
jadeando la sensación de tu hacer
y teniendo el sexo por amor y el amor por placer.

Cuando intentas preservar
los sentimientos hacia alguien,
corresponde a algo que no ves,
bosque sin luz ni sombras.

¿Eres tú quien debe llegar
a mi sinceridad pura,
o bien oscuridad absoluta
que no merezco?

¿Qué somos dentro de un mundo perverso?
Sí, ya lo sé, somos algo,
pero ¿algo qué o de qué?
¿Significamos algo?

Vestimos, calzamos,
andamos, corremos.
¿Somos algo en la psique
o simplemente muñecos universales?

¿Pensar? No existe.
¿Amar? Otro sentimiento más.
¿Sentir? ¿Qué significa?
Simplemente nada.

He pensado en desconectarme
de la verdad de otros,
en suprimir mi sinceridad
por la intolerancia justa.

Justicia total de los sentimientos,
detectando la ilegalidad de las lealtades,
consiguiendo superar obstáculos
que puedan ser malavenidos.

Mañana supondré algo,
llegaré hasta mi verdad;
quizás para mí la más justa, sí,
acarreando con todas las consecuencias.

Ventana transparente de ilusiones,
donde se ve todo lo normal,
aparentes verdades infinitas
donde poder o no llegar.

¿Quién llegará hasta dónde?
¿Cómo llegar y hasta cuándo?
¿Qué pensar de qué y de cómo?
¿Por qué no entender algo justo?

A veces pienso que sentir
significa tanto como vivir,
cúmulo de vivencias varias
que no significan absolutamente nada.

Silencio,
despierta la noche fría
y me llama con su escarcha
en mi espalda desnuda.

Desierto,
boquiabierto y con bostezos
entro en la soledad
y en la oscuridad noctámbula.

Celosa,
la mañana se despierta
de la noche fría,
y se presenta ante mí.

Callada,
cuando siente a su pesar
mi amor incondicional
por la noche.

Sobre la suave brisa de tu pelo
desnudas mi mente frágil,
para adentrarte en mi ego
descubierto por la inocencia.

Una inocencia sin juventud,
pero con valentía de emociones
y sentimientos infinitos,
que me hacen sentirme yo.

Todavía domino el espacio
cuando te noto a mi lado,
cuando rozas mi flexibilidad,
pero no sé hasta cuándo.

En la soledad más extrema
mi mente da vueltas
y vueltas y más vueltas.

Roza la incertidumbre
sobre un mundo raro,
raro como real.

Pero me enfrenta
con la irrealidad más extrema
y más absurda,

hasta que, al final,
logro salir triunfante
ante la vida misma.

Sombras que emergen
sin saber de dónde,
ni cuándo, ni por qué.

Y, sin saberlo, lo hacen
para mi regocijo
y satisfacción.

Intento acercarme a ellas,
infructuosamente, por cierto,
hasta que…

Ahora las entiendo,
pues la luz tenue del candil
las hace llorar,

las hace surgir de la nada,
nada que no existe,
pues nada es verdad.

Quisiera interponer en mi camino
obstáculos de guerra, de batalla,
que supusieran conducirme a la verdad
de lo incierto y abstracto.

Quizás a la vez que pido y ruego
y sueño con llegar a ello,
intento preservar mis sentidos para algo más
que pensamientos sin sentido.

Ahora que estoy confuso dentro de algo,
quisiera encontrar la salida,
una salida que no existe por su abstracción,
pero que, sin duda, encontraré.

Cuando intento explicar el sentido
de una cosa que no conozco,
la llamo por su nombre, cosa anormal,
y luego la mimo, para que ella me lo diga.

Qué persuasión retengo en mi mente
que quizás llegue a dominar lo no soñado,
lo irreal, lo desconocido y abstracto,
todo lo que no es.

Llego a escapar de mi propia persuasión
y me asusto, no me domino,
no soy yo, ¡socorro!
¡Qué tranquilidad, menos mal!
Te he encontrado sana y salva,
¡gracias a Dios!

El cristal, arrugado por los años,
se siente peor, pero no sufre.
Quiere salir de las rejas que lo cuestionan,
quiere liberarse, pero no lo dejan.

El cristal, arrugado por el tiempo,
ya no llora, sonríe en silencio.
Sabe que salir de las rejas sería la muerte.
Prefiere no salir, eso piensa.

El cristal,
después de tanto daño
que le han hecho, quiere vivir
por un poco más de tiempo.

Es un adiós,
comienzo a entrar en otro mundo,
me llama, voy y me habla:

«Tú, vencido por aquellos problemas,
te dejas caer en la vida,
no sabes seguir.

¡Despierta, que mi voz te habla!
Te dice que no es igual,
que has cambiado aquí.

Inmóvil, intenta moverte,
arregla de uno u otro modo tu entorno
y no sigas inmóvil, anda como ayer.

Baja de tu mundo, pero no pares,
sé activo, sigue, lucha, no te rindas.
Ahora es tu hora, ¡llegarás!».

Es un adiós,
comienzo a pensar y pienso:
«esto no es allí, aquello ya no está».

Hoy, caminando por la realidad que me envuelve,
sueño en vivir.
Los sueños de la vida se introducen en mí
y me conmueven.

Pienso en estar,
y me encuentro con que estoy solo, allí,
dejo de amar,
pero no puedo seguir luchando dentro de mí.

Ahora que veo la realidad que me oprime
pienso en volver,
y sueño que toda la vida así seguiré,
pensando en volver a la realidad.

Parece no verdadero,
o puede parecer mentira,
que tan buenas palabras duelan,

que hieran,
que hagan salir lágrimas
fuera, al exterior.

Parece mentira
que sean esas palabras
las que lo borren todo.

Olvidar, esa no es mi profesión,
no, eso es de viajantes;
mi profesión es seguir adelante,
no caer, no rendirme.

Seguir insistiendo en mis teorías,
en mis pensamientos y temas,
y algún día quizás podré olvidar.
Sí, creo que entonces olvidaré.

Qué ignorante es la gente,
no conoce eso,
no conoce una cosa tan simple,
no conoce el universo,

ni la realidad de las cosas,
de la sociedad, del trabajo,
no conocen el proceder de las cosas,
no conocen la finalidad de las cosas,

ni para qué sirven. ¿Para qué me sirven?
¿Qué hago yo aquí?
¿Qué finalidad tiene que yo esté aquí?
¿A dónde voy?

¿A dónde llegaré al final de todo?
Yo, como todos, ¿qué soy?
Sí, un maldito ignorante,
un puerco y maldito ignorante.

Mírame, esclava,
esclava de mi alma,
alma de amor llena
que se vacía al alba.

Muerte lejana,
ya la veo,
te veo con ella,
con ella jugando te veo.

Siembras la luna
en tu pecho cubierto,
repleto de plumas,
todo incierto.

Incierta tu maleza,
tu fealdad,
cierta tu belleza,
esa es la verdad.
¡Te quiero!
Palabras no descubiertas,
de siglos completas
y de años repletas.
Vulgares, es cierto,
son palabras callejeras,
pero las dicen todos,
es lo que importa.
¡Te quiero!

A orillas de un río
sueño,
entre hierbas y cardos
pienso.

Y esos,
esos sueños y pensamientos,
la señalaban,
señalaban una estrella,

tan sencilla y sensible,
tan verdadera y humilde,
como lo eres tú,
libertad.

Fue ayer,
fue entonces cuando lloré,
fue ayer o antes de ayer
cuando lloré por todo:

por la humanidad, por la paz,
por conseguir algo, ¿la libertad quizás?
No lo sé,
tendré yo mismo que averiguarlo.

Es una inspiración fabulosa,
es un perfume de rosa
lo que ella lleva puesto
en su cuerpo despierto.

Y que con ternura me mira,
tomando un caramelo de mi mano
y deseándome buena suerte,
por si quisiera morir mañana.

Esa sonrisa de niña,
esa cara de mujer,
tú engrandeces mi vida
cuando te beso una vez.

Esos ojos tan bellos,
esa estatura de diosa,
esa mirada de rosa
donde se deslizan tus cabellos.

Yo me entristezco y lloro,
no lo soporto.
Adiós, dios de la luz,
llegó el atardecer.

***

Llora cuando yo ría,
ríe cuando yo sienta,
siente cuando yo llore.

***

Acababa de salir y no era yo,
comencé a llorar entonces
y la seguridad está en ti.

***

Es tan dura tu sonrisa
que a veces pareces llorar,
y a veces lloras tan fuerte
que tu sonrisa no llegará nunca.

***

Conocedor de viejos desafíos,
desafíos de vengar por vengar,
de no vivir por no vivir,

gracias te doy por todo,
bosque amigo.

***

Camino entre la luz y la sombra,
navego entre un mar de problemas,
trabajo, trabajo y más trabajo,
e ilusión desmedida por mi amor,
un amor constante y que no duerme.
Llegó la hora de hablar a la luna,
pero está muy lejos, no puede oírme.

***

En silencio vivo, amarrado a un sueño,
un sueño infinito
que no me deja saber, pensar, conocer, ni amar.
Un sueño que estamos viviendo,
porque, aunque no lo creas,
la vida es un sueño,
y cuando despertemos de este sueño
será la vida después de la muerte.

***

Ya cubriste de negro
a todos tus familiares,

y dejas tu habitación lóbrega y oscura
con el desairado llanto de tu espejo.

***

Corazones que brotáis de las rosas,
amores ciegos y amadores,
mirad si me merecéis
y os amaré con todas mis fuerzas.

***

Contemplé que la luz
y la niebla eran débiles.
Comprendí que viajar sin rumbo
era sufrir y no llegar.
Y vi como alguien agonizaba
por unos golpes de madrugada.
En ese momento comprendí.

***

Ahora el tronco llora,
y siento en mi hombro sus lágrimas,
y siento cómo el pino gime,
cómo deja su aliento en mi espalda,
cómo sus hojas húmedas por el llanto
escurren sus gotas de tristeza
en todo mi cuerpo;

y mis ojos quieren acompañarle,
y, finalmente, le acompañan.

***

Sabemos lo que duele nuestro pasado,
aunque haya sido bueno,
y nosotros perdonamos a nuestra mente,
a nosotros mismos.
Sí, sí, nosotros perdonamos
a lo que ya no tiene remedio;
un remedio que quedó en el pasado,
pero que nuestra vida es otra,
tanto en el presente como en el futuro.

***

La luz, sufrimiento eterno
de un alma quieta e impasible,
pasiva al dolor, sin lágrimas en sus ojos…
¡Qué lástima de ti, luz soñadora!
¡Cuántas noches solitarias y desamparadas,
cuántos días apagada, dormida año tras año
hasta el infinito!

***

Y el mundo no borrará mi poesía,
no dejaré de hacerla

porque en mí hay poesía
y nunca dejaré de quererla.
Y tú, poesía mística,
cuerpo desnudo y mente suave,
tú, tú, siempre serás para mí,
auténtica poesía.

***

Te sentía tocarme, y te dejaba;
acariciabas con dulzura mi cuerpo,
y me gustaba.
Ahora, lejos de ti y tú de mí,
tus manos siguen en mi espalda
como si estuvieras conmigo
y yo junto a ti.

***

Siento hojas en mi mente,
hojas llenas de escritos,
algunos hermosos, otros de protesta,
pero todos con un fin:
la poesía.

***

Qué sentido, qué alma,
qué dolor que no cesa,

qué vergüenza ante nada,
ante nadie,
qué nada más profunda.

***

El sentido de mi vida
me lo has dado tú.
Ahora me encuentro
preso de tus redes mentales,
preso de tu amor y tu calor.

***

Me encuentro solo en mi vacío,
una soledad que angustia.
Te encuentro un poco lejos
de entrar conmigo en este vacío,
porque la luz de tus pensamientos
no se parece mucho a la mía.
Pero llegará el tiempo,
creo que no lejano,
en el que nos encontraremos juntos
en este vacío mundano.

***

Lo mío es una locura interna,
una locura que se transmite,

una locura que no tiene curación,
que no tiene manicomios,
es una locura de amor.

***

Gritos que despide mi boca
intento que lleguen al viento.
Escucho, oigo y pregunto:
¿verdad que estás ahí?
Una voz sólida contesta:
«Estoy, estaba y estaré,
de aquí no marcharé jamás».

***

Caprichos de mi niñez,
amor y lágrimas,
que se las lleva el atardecer
con sus alas blancas.
Muerte, quisiera verte, tocarte
y quererte, hablar contigo y escucharte,
mi querida muerte.

***

Hoy el miedo no me asusta,
es ahora cuando asusto yo.

Ya ni las tinieblas me espantan,
las aparto yo de mi vida.

***

Al atardecer, mi sed aumentaba,
necesitaba de algo,
sin saber de qué.
Ahora el círculo luminoso
se ha perdido,
siento que mi sed está vacía.

***

Perdido entre dos campos,
dentro de dos mundos
me encuentro hoy.
Sumergido en el sí y el no,
absorbido por el bien y el mal.
¿Qué hago? ¡No importa!
Quizás importe lo que haga mañana.

***

Plantas varias y no verdes,
flores tantas que no se ven,
pues son colores infinitos,
sin ningún significado concreto.

***

Tocando como tocas
la música de forma lenta,
la rimas y me sobrepasa.
Sintiéndola me pierdo
en mundos injustificables
e infinitos.
De forma volátil
me transformo en mí
para saber que soy yo.

***

Lances de surrealismo
cuando en ti pienso
y no te tengo,
y cuando te tengo,
no sé lo que siento
sin que me hables.

***

Sello, muere con las letras a tu espalda,
no llores, sino muere.
Así, como la vida creó su entorno,
el hombre te ha hecho así;
no te quejes, no, es inútil,
tus lágrimas tan solo bañarán tu espalda,
y será peor, pintará.

El hombre, harto de dar paso
a su esfuerzo físico, te ha creado,
te ha hecho para que sacies su agonía
de seguir viendo palabras, siempre igual,
siempre palabras.
Sello, tus esperanzas son inútiles,
siempre llorarás por tu mal, sobre tu espalda.

***

Allí, en aquella sombra,
allí hay alguien.
No sé quién es,
no sé cuál es su nombre,
no sé dónde vive,
pero es alguien,
es mi persona.

***

El ánimo. ¿Qué es eso?
Es algo comestible,
es algo frágil,
es algo irrompible,
¿qué es el ánimo?

***

Miento,
digo mentiras,
sigo a mi sombra
y me obliga,
me lleva,
me traiciona
y me dice
mentiras, mentiras
y más mentiras.

***

La tierra es nada sin ella
y ella es nada sin la tierra.
Aquella que me hizo sufrir
y que me mira con desprecio,
soy nada sin ella
y ella es nada sin mí.

***

Me doy cuenta en su sonrisa
que va dirigida a otro;
yo la miro de reojo y se la devuelvo deprisa.
Ese otro es fuerte,
pero yo lo soy más,
mientras él tiene unas pocas,
yo, con María Elena y no más.

***

Eres la vida de cualquier persona,
tus ojos son perlas del mar,
tu boca un entrante de oro
y tu cuerpo no se puede dañar.
Mas el dolor no lo sufres tú,
sino yo.

Índice

Sobre el autor

José Pedro Rivera Morales inició su trayectoria poética como un aficionado más a la escritura, llegando a garabatear poemas incluso en servilletas de bar, algunos de ellos escritos y regalados en el mismo momento a comensales de mesas de bodas de parientes y amigos. La creación poética de este autor tiene su base fundamental en el existencialismo más puro, que le ha acompañado durante gran parte de su vida. *Poemas infinitos* supone la culminación en forma de poemario de toda una vida de creación que, dado que «el escritor de poemas tiene momentos de inspiración que no puede frenar», quizá tenga continuidad en el futuro con otros escritos, «si acaso no tan profundos y filosóficos como los publicados en este poemario, pero no por ello menos interesantes».